कौन जाता है वहाँ

असंगघोष

वाणी प्रकाशन
प्रकाशन के उत्कृष्टतम 60 वर्ष

पेपरबैक प्रथम संस्करण : 2023

vaniprakashan.com

वाणी प्रकाशन

4695, 21-ए, दरियागंज, नयी दिल्ली-110 002

फ़ोन : +91 11 23273167, 23275710

शाखाएँ

अशोक राजपथ, पटना-800 004, बिहार

कॉफ़ी हाउस कैम्पस, महात्मा गांधी मार्ग, इलाहाबाद-211 001, उत्तर प्रदेश

महात्मा गांधी अन्तरराष्ट्रीय हिन्दी विश्वविद्यालय, वर्धा-442 001, महाराष्ट्र

36/ए, शेक्सपियर सरणी, रानी बिरला गर्ल्स कॉलेज के पास, कोलकाता-700 017, प. बंगाल

sales@vaniprakashan.in
vaniprakashan@gmail.com

Kaun Jata Hai Wahan
by Asangghosh

ISBN : 978-93-5775-054-7
Poetry Collection

मूल्य : ₹ 200

आर. टेक ऑफ़सेट प्रिंटर्स, दिल्ली-110 032 में मुद्रित

वाणी प्रकाशन का लोगो मक़बूल फ़िदा हुसेन की कूची से

असंगघोष हिन्दी दलित काव्य धारा के प्रतिनिधि कवि हैं। उनकी कविता दलित आन्दोलन की सभी प्रवृत्तियों को अपनाते हुए उसमें सार्थक योगदान देने का प्रयास करती है। दूसरे शब्दों में, जहाँ वह दलित विचारधारा से शक्ति अर्जित करती है, वहीं आज़ादी, सामाजिक न्याय और समानता के लिए बेचैन स्वर से ओत-प्रोत होकर उसे मज़बूती देती है। यह कार्य वह बिना लागलपेट के करती है यानी प्रत्यक्ष जीवन का सीधा चित्रण करती है। कोई लक्षणा-व्यंजना नहीं—बिल्कुल अभिधात्मक और सच्ची भाषा की कविता। यही उसकी कला है, और दृष्टि भी। उसमें तेज़ आक्रोश और विद्रोह है, लेकिन जोश-जोश में वह यथार्थ से विचलित नहीं होती। आक्रोश और विद्रोह असंगघोष की कविता का वह 'आधार' है जिसके ऊपर 'यथार्थ' खड़ा होता है, लगभग दस्तावेज़ बनकर। दूसरे शब्दों में कविता कई क्रिया-प्रतिक्रिया के बीच इन्सानियत के प्रश्न को सामने रखती है।

असंगघोष की कविता, दलित आन्दोलन के केन्द्रीय चिन्तन के अनुरूप, जातिवादी सोच पर प्रहार की कविता है। इसमें 'स्वयं' अर्थात् अपनी जाति (दलित) के प्रति स्वाभाविक जागरूकता है। 'स्वाभाविक' इसलिए कि यह 'वर्ग' की अवधारणा में आवश्यक संशोधन के साथ अपना विकास करती है। वर्ग की अवधारणा जहाँ आर्थिक निर्धारणवाद का शिकार है वहीं 'जाति' की स्थिति सामाजिक व्यवस्था के अधीन है। इसलिए इस मोर्चे पर लड़ाई ज़्यादा जटिल है। इसमें कई स्तरों पर संघर्ष की माँग होती है। इस दृष्टि से असंगघोष पर्याप्त रूप से कामयाब हैं।

यह *कौन जाता है वहाँ* असंगघोष का दसवाँ संग्रह है। सामान्यतः उम्र के साथ कवि थोड़ा रुक जाता है। लेकिन हमारा यह कवि इस बात का अपवाद है। वही राजनीतिक-सामाजिक चेतना। यही नहीं, विषय का यत्किंचित विस्तार भी हुआ है। 'सपने और मेरा सामान' जैसी कविता को देखें तो कवि उस दिशा में जाता दिखाई पड़ता है जिसे फ़ैंटेसी की दुनिया कहते हैं। यह नयी ऊर्जा का संकेत है।

कौन जाता है वहाँ नाम से स्पष्ट है कि कवि प्रभु वर्ग को चुनौती दे रहा है—उसकी सोच और विश्वासों को। 'कविता का शीर्षक' कविता के सहारे कहें तो यह 'वर्ग' अपनी बूढ़ी दशा को प्राप्त कर 'अन्तिम यात्रा' पर है। संग्रह का सारतत्व है प्रभु वर्ग की संस्कृति पर चोट और प्रतिरोध की संस्कृति का विकास। इस दृष्टि से असंगघोष वंचित वर्ग के सच्चे प्रवक्ता के रूप में उपस्थित होते हैं। कवि आख़िर 'सचाई' का प्रवक्ता ही तो होता है।

—सुधीर रंजन सिंह

समर्पण

पौत्र

एकांश

के

लिए

अनुक्रम

कविता का शीर्षक

गोष्ठी में
एक युवा कवयित्री जब
कविता का शीर्षक सुनाती है
बूढ़ा कवि
हुंकारता है—हूँऽऽऽ
मुस्कराते हुए
कवयित्री दुबारा
ज़ोर से पढ़ती है
शीर्षक कविता का—
'यात्रा'

यह देख-सुन
बरबस मुस्करा जाता हूँ
जैसे कि बोलने वाला होऊँ—
''हूँऽऽऽ!''

मेरी 'पारी' आने पर
कविता की पहली ही पंक्ति सुनते
बूढ़ा कवि बोल उठा
कोई कविता है यह
कहा मैंने
हाँ, यही कविता है!
जिसका शीर्षक है—
'अन्तिम यात्राऽऽऽ'।

दकियानूसी भरे उपाय

पढ़े-लिखे
कवि का काटा रास्ता
बिल्ली ने
और कवि खड़ा
सड़क किनारे
होता रहा सशंकित
और 'बिल्ली ने काटा रास्ता'
कविता को गढ़ने लगा।

रास्ते से जुड़ा दूसरा कोई रास्ता था नहीं
कि उस पर मुड़ जाता

आख़िर क्या करता वो कवि
बिल्ली ने जो काटा था रास्ता
क्या उसकी मजाल
कि उस रास्ते पर किसी दूसरे के
गुज़रने से पहले
वह चलता
एक भी क़दम
आगे की ओर
इसलिए खड़ा हो सड़क किनारे
अपने गढ़े बिम्बों, प्रतीकों के सहारे

गुनता-बुनता रहा वह कविता
कि बिल्ली ने उसका रास्ता
क्यों काटा
क्या होंगे
इसके दुष्परिणाम

पण्डित जी के बताये उपाय
सगरे गुत्थम-गुत्था थे मन में
उनका न ओर था, न छोर
अन्तहीन उपाय
निराधार
दकियानूसी से भरे हुए।

मल्टी स्टोरी और मैं

मैं कई तहों वाली बिल्डिंग की एक तह में रहता हूँ
यदि इसकी तहों की ज़मीन से गिनाई करो तो
सतह और मेरे आवास के बीच में
एक पार्किंग फ्लोर है
उसके ऊपर आठ मंज़िलें जमी हुई हैं
कुल मिलाकर हुआ भूतल धन नौ तल
इस तरह मोटा-मोटी ज़मीन से
लगभग सौ फुट ऊपर आकाश की ओर

नीचे की तह वाले रहवासी की छत पर
ज़्यादातर समय मैं टिका रहता हूँ अपनी तह में
यहाँ पहुँच कर चहल-क़दमी करता हूँ
कॉरीडोर में तो
बेशक मेरे पाँव ज़मीन पर नहीं होते
जबकि अपने पाँवों को
ज़मीन पर रखना चाहता हूँ हमेशा।

यहाँ लगी लिफ़्ट में रोज़ सुबह-शाम
चार-छह बार चढ़ता-उतरता हूँ
कभी उससे ज़मीन पर आता हूँ
कभी दूसरों की छत पर जा पहुँचता हूँ
लेकिन घटित अवश्य होती है एक बात

मेरे साथ लगभग हर रोज़
भिनसारे साढ़े पाँच बजे
उचट जाती है नींद
विचारों के आते-जाते
यह सोच कर
कि कभी लिफ़्ट फँस गयी चढ़ते-उतरते
और उसमें सवार रहा उस समय मैं
तो क्या होगा
कोई लिफ़्टमैन तैनात है नहीं, यहाँ
मैंने लिफ़्ट में लगा
इमरजेंसी अलार्म बजा भी दिया तो
सुनकर कौन दौड़ा आयेगा
फँसी हुई लिफ़्ट से मुझे बाहर निकालने
सोचते-सोचते यह मेरी आँखों की नींद
जो उचटकर नीचे भू-तल तक गयी थी
तफ़रीह के लिए
फिर लौट कर वापस नहीं फटकती
उसे प्रेम भरा आमन्त्रण देते हुए
भले ही करवटें बदलता रहूँ
इस बीच उग आती भोर की शान्ति में
चिड़ियों की चहचहाहट को दबाती
सड़क के देसी कुत्तों के भौंकने की आवाज़ें
लगातार आती हैं कानों में
और भीतर तक जा
परदों से टकराकर लौट जाती हैं
इमारत की बची हुई तहों के बन्द दरवाज़ों के भीतर तक धँसने

कभी आता है यह ख़याल मन में
कि इमारत की किसी तह में

अचानक लग गयी आग
तो अपने कमज़ोर फेफड़ों को धुएँ से बचाता
कैसे पलायन करूँगा
तह के अन्तिम सिरे में है मेरा घरौंदा
वहाँ से सीढ़ियों तक जाना और
आग से बचते नीचे उतरना
सम्भव होगा किस तरह
इसका मुझे कोई सटीक उत्तर सूझता नहीं

यहाँ रहते हुए
सामना करता हूँ
सर्द हवाओं का
जो जमीन से ज़्यादा ही सर्द हो जाती हैं यहाँ तक आकर
बचने के लिए इनसे
बन्द कर लेता हूँ सारे दरवाज़े
लेकिन दरवाज़ों से टकराती हुई
सर्द सरसराहट बेचैन करती है
इस बेचैनी को कहीं किसी तह तक नहीं भेज पाता
अब तो यह सरसराहट
घर करने लगी है दिमाग़ में

किसी तरह बचाता हूँ.
लू के थपेड़ों से
लेकिन बच नहीं पाता
चंगुल में आ ही जाता हूँ
दसवीं मंज़िल की बरसात भी
अजीब व्यवहार करती है
दरवाज़ों से प्रवेश कर
घर के भीतर समा कर
अपने आलिंगन में ले भिंगो देना चाहती है मुझे

बरसात को भी रोक नहीं पाता मैं
और अक्सर भींग जाता हूँ
भींगते हुए ही आसमान से गिरते पानी को
पृथ्वी छूने से पहले ही देखता हूँ
अधबीच में

रोज़ विचारता हूँ
कि पहले की मानिन्द किसी दिन
फिर से सोऊँगा ज़मीन पर
चलूँगा पैदल पाँव-पाँव
कभी दौड़ूँगा पंजों के बल
जो कहने भर को हैं फ्लैट
मेरी कविताओं की तरह
वे भी हैं एकदम से सपाट
इसलिए चाहने पर भी भरती हो नहीं पाया फ़ौज में
न ही पुलिस सेवाओं में जाने के लायक पाया गया
इस सपाटपन की वजह से
ज़्यादा दूर तक दौड़ने की क्षमता
नहीं है मेरे पाँवों में
लेकिन अदम्य साहस अवश्य है मेरे पास
जिसके सामने मेरे पाँव, पंजे और फेफड़े बौने हैं
इस साहस को समेट
नौ मंज़िल की इन तहों से बाहर निकल
धरती पर आना चाहता हूँ
किसी अनहोनी से पहले
भले ही न हो ऐसी कोई अनहोनी
फिर भी मैं आना चाहता हूँ ज़मीन पर
और यक़ीनन इसमें सफल होऊँगा किसी दिन
क्योंकि मैं
धरती पर सोना चाहता हूँ

धरती पर अपने पाँव रख, चलना चाहता हूँ
धरती पर रह कर थोड़ा ही सही, दौड़ना चाहता हूँ
धरती पर आख़िरी साँस लेना चाहता हूँ
धरती से ऊपर हवा में लटका रह
जीना नहीं चाहता बचा जीवन।

बुरा वक़्त भी गुज़र जायेगा

अच्छे दिन की आस में
बुरा वक़्त
थोड़े ही दिन पहले हुआ शुरू
गुज़रे हुए समय की तरह
यह भी ज़्यादा टिकाऊ नहीं है
इसके रहते तक देखना हम चीन को नाकों चने चबवायेंगे,
यह भी बीत जायेगा
और ख़त्म होगा हमारे दौर का बुरा समय,
सन् दो हजार चौबीस
या उनतीस में ...
या उससे भी आगे जा ठहर सकता है
हो सकता बाईस में ही हो जाये इसका समापन
अथवा इसका खिंचाव रबर की तरह
सन् 25 तक भी खिंच सकता है
बस थोड़ा सब्र रखो
क्योंकि कहते हैं कि सब्र का फल
होता है ज़्यादा मीठा
बाक़ी तो ख़ैर
अलग-अलग स्वाद के फल
यहाँ के मार्केट में उपलब्ध हैं ही।

भड़भूँजा चाचा की भाड़

अपने बचपन में
चौमासे के दिनों में
बरसात के थमते ही
झोले में कटोरी भर
कभी ज्वार
कभी मक्का
कभी चना डाल कर
अपने काँधें पर टाँग
हम पहुँच जाते थे
भड़भूँजे की भाड़ पर
फुले पड़ाने के लिए
वहाँ पहुँचे हरेक का नम्बर लगता,
प्रतीक्षा में अपनी बारी की
अचरज भरी आँखों से हम निहारते रहते
भाँड़ झोंकती भड़भूँजी चाची को
उसकी हर झोंक के साथ
छोटी-छोटी चिंगारियाँ और बाथभर धुआँ
पतरे की चिमनी से निकलकर छा जाता था आसपास

भड़भूँजा चाचा
हमारे अनाज को भाँड़ में उड़ेल
हाथों में पकड़े खुरपे की मदद से
गर्म हुई रेत में दबा देता

कुछ ही पलों में फूटने लगती भाँड़
तेज़ी से खुरपा चलाता हुआ
रेत में वह सेंकता था
हमारे झोले से भाँड़ में जो भी डला होता
फूटाने-फूलों में बदल जाता,
जिन्हें झारे की सहायता से निकालकर
हमारे झोले में भरता था चाचा
आजकल घर में चूल्हे पर कड़ाही रख
रेत की जगह थोड़ा तेल डाल
हम ही बना लेते हैं ऐसे फुटाने
लेकिन मक्का के ही
ज्वार के अब भी ठीक से नहीं बन पाते घरों में
तब भी भड़भूँजी चाची
दुकान पर भाँड़ के किनारे बैठ
अब भाँड़ झोंकती नज़र नहीं आती
भड़भूँजा चाचा
आजकल फलों का ठेला लगाने लगा है
और भाँड़!
भाँड़ अब कोई नहीं झोंक रहा
भाँड़ में समय के साथ जंग लगती जा रही है
बाक़ी बचे सगरे लोग
अपने-अपने फोड़े
फुटाने-फूले खाने में
मशगूल हैं।

चोट

ठोकर खा कर
गिरा
मैं
...और चोट
तुझे लगी?

भात दे माँ

कीर्तिमान बनाने के हर्षोल्लास में
करोड़ों का तेल-बाती डाल
लाखों दीये
सजावट कर
जलाते रहे वे
ताकि
दिवाली के पूर्व
उजाले का अभूतपूर्व त्योहार मना
असीम आनन्द भोग सकें
उधर सिमडेगा की बेटी
भात दे माँ
भात दे माँ
भात देऽऽऽऽ
कहते
भूख के मारे
तड़प-तड़प कर
माँ की आँखों के सामने
मर गयी बेमौत।

वे तत्काल कर देते हैं इनकार
और अक्सर ऐसी मौतों पर
ढोंग करते हुए सहानुभूति का
नहीं भूलते

गाढ़ा दु:ख प्रकट करना
लेकिन इस प्रकटीकरण के दूसरे ही पल
करोड़ों रुपये खर्च कर
जनता का
वे मनाते हैं प्रकाशोत्सव
और ऐसे जलाये गये
सैकड़ों दीयों के उजाले में
भात दे माँ
भात दे माँ...
भात देऽऽऽ
पुकारता हुआ
एक और दीया बुझकर
बुझे दीयों के ढेर में
जा पड़ता है।

रायता

रायता उतना ही
फैलाना चाहिए
जितना कि बटोरा जा सके...

फैला
रायता
कोई
बटोर भी ले तो
वह किसी लायक
रहता कहाँ है!

असहज हवा

यह हवा
तेज़ गति से भागती
कहाँ और किससे
मिलने जा रही है...!

नहीं...
नहींऽऽऽ!
किसी से मिलने
मिलने, किसी से
नहीं जा रही है यह हवा

इस दौर में
हवाएँ भी
दिशाहीन होती
पल-पल में बदलतीं रुख़
भागे चली जा रही हैं
असहज।

जय हो

भिश्ती को
भिश्तीगिरी करते हुए
देखा नहीं कभी जिसने
मशक से कभी
पिया न हो ओक में लेकर पानी जिसने
काँधे से होकर पीठ पर लटकी मशक से
छिड़काव होते हुए कहीं
देखा नहीं कभी जिसने
वह मशक के बारे में सचमुच
कुछ नहीं जानता....
फिर भी किसी ने
लिख दी हो कविता मशक पर
इसका क्या करें!

भिश्ती
मशक को अपनी पीठ पर लादे
डालता था पानी
युगों से हमारे बचपन तक
मशक
कुएँ से पानी नहीं निकालती रही कभी
हो सकता है कि महाकवि ने

किसी कुएँ पर चल रही चड़स को
समझा हो मशक
लेकिन चड़स और मशक के कामों में अन्तर है मूलभूत
एक उलीचती है पानी कुएँ से बाहर
दूसरी ऐसे उलीचे पानी को
समा अपने भीतर
सवार हो, भिश्ती की पीठ पर
काँधे पर झूलते हुए उसके
डालने जाती रही पानी
कभी अमीरों के घर में सजे मटके भरने
कभी धूलभरी जगहों पर छिड़काव कर
उड़ती धूल को शान्त करने,
कभी गन्दी नालियों की धुलाई करने,
अस्तबलों, आराधना स्थलों
यहाँ तक कि शुष्क शौचालयों में बने
हौदों को भरने का काम करती रही है
मशक

मैंने देखा है अपने बचपने में मस्ता बा भिश्ती को
अपनी पीठ पर लाद कर मशक
यही सब करते हुए

देखा जाये तो
भिश्ती और मशक
पूरक थे एक-दूसरे के
अपनी मशक के बिना अधूरा था भिश्ती
लादे हुए अपनी पीठ पर
बोले बग़ैर एक शब्द
पूरी-की-पूरी कहानी बदल सकता था अकेला भिश्ती

इन सब बातों से बेख़बर
वह महाकवि
बस कविता ही लिख सका है मशक पर

जय हो!

सनक

वो दिन किसी छुट्टी का रहा होगा
जब हम निकल पड़े थे
सुबह-सुबह
घर से बाहर
सड़कों के किनारे खड़े पेड़ों की शाखाओं-पत्तियों, गाछों में
खोजते हुए पक्षी
उतर गये थे गन्दगी से सराबोर गोर नदी के
किनारे की ढलान पर
अपने जूतों को बचाते
रेडशंक को देखने
देखकर कुछ ही समय में
वहाँ से निकल चल पड़े समाधि रोड पर
कि एक घर के बाहर टूटे खम्भे पर बारहा में
इसाबेलाइन लटोरा को देख तुरन्त गाड़ी रोक
उसे क़ैद करते रहे कैमरों में
अपनी-अपनी सीटों पर बैठे-बैठे
फिर बिना आवाज़ किये धीरे-से नीचे उतरे
फिर से उतारते रहे उसकी फोटो
और वो थी कि इस फोटो सेशन के पूरा होने तक
खम्भे के ऊपर बैठी रही
नहीं भरा इस सेशन से उसका मन
मन हमारा ही भरा

और हम बढ़ गये आगे
बारहा से पार कर नहर
समाधि से पहले
जंगल की ओर भीतर जा नाले के किनारे खड़ी कर गाड़ी
पैदल ही नाले में रेत-पत्थरों पर पाँव धर चलते
ख़ुद को डबरों में भरे पानी से बचाते हुए
खोजते रहे पक्षी
शौक था यह
निरीह पक्षियों का शिकार करने वालों को चीह्नते,
उनके लगाये फन्दों को ख़ुद हटाते
लड़े भी
बस हाथापाई नहीं हुई
शिकारी गाली-गुफ़्तार करते रहे
सनकी कहते रहे हमें
हम नज़रअन्दाज़ करते रहे इन बातों को
अब तुम भी चाहो तो
इसे हमारी सनक और हमें सनकी कह सकते हो।

सपने और मेरा सामान

अक्सर देखता हूँ सपने में
रेलवे प्लेटफॉर्म पर खड़ी ट्रेन में चढ़ने की
जद्दोजेहद कर रहा हूँ
अपना सामान उठाये
सामने खड़े कूपे की
धुँधलाई हुई किसी नम्बर की सीट के नीचे धर कर सामान
साथ लाया कपड़ा सीट पर बिछा
कभी बैठ जाता हूँ तो
किसी दूसरी रात के सपने में
किसी दूसरी बोगी की
पहले से कपड़ा बिछी बर्थ पर लेट जाता हूँ
लेकिन हर बार बदला हुआ होता है
मेरी उस सीट का नम्बर
कभी साफ़ तो कभी धुँधलाया हुआ था

कई बार प्लेटफॉर्म तो कई बार
बदल जाता है स्टेशन भी
कई बार वही ट्रेन जो पिछले सपने में थी
ठीक उसी प्लेटफॉर्म पर आ खड़ी होती
जिस पर पिछले सपने के टूटने के
ठीक पहले खड़ी थी
वैसे ज़्यादातर सपनों में दिखी ट्रेन

एक जैसे प्लेटफॉर्म पर आकर खड़ी होती है
उसके किसी एक कंपार्टमेंट में घुसकर
सामान रख नीचे उतरता हूँ हर बार
तुम्हें खोजने
और खोजते हुए तुम्हें
दूसरे प्लेटफॉर्म तक चला जाता हूँ पैदल

कई बार ट्रेन
अपने साथ लिये मेरा सामान
चल देती है इस दौरान
दौड़ता हुआ
कोशिश करता हूँ
चलती हुई ट्रेन को पकड़ने की
लेकिन ऐसे प्रयत्न में कभी भी सफल नहीं हो पाता
अपनी फूली हुई साँसों के साथ
नाकाम खड़ा हो
जाते हुए देखता हूँ उसे
टेल लाइट की चमक के धुधला होने तक
इस उम्मीद के साथ
कि अगले स्टेशन पर कोई-न-कोई
उतार ही लेगा
और नाम लगा टैग देख, मेरी पहचान कर
दे देगा मुझे मेरा सामान

स्टेशन से निकलकर बाहर
सड़क मार्ग से
अगले स्टेशन तक जाने के लिए
खोजता हूँ किसी सवारी गाड़ी को
जो नहीं मिलती है अक्सर
और मेरा सामान कहीं गुम न हो जाये

इसकी चिन्ता घिर आती है
चिन्ता के मारे अक्सर उड़ जाती है मेरी नींद
इस उड़ी नींद को मैं भेजता हूँ
उस सामान की खोज में,
जो ट्रेन के साथ चला गया है
मिला नहीं अब तक
उसे पाने की उम्मीद में
किसी अगली रात
देखता हूँ सपने बार-बार
हमेशा की तरह मेरी नींद टूटकर
खोजने चली जाती है मेरा सामान
ट्रेन को खोजती हुई
उम्मीदों को साथ लिये
अगली रात फिर घिर आती है

वैसे ऐसे सपने सच नहीं होते कभी
और यदि हो ही गये सच तो...!

बाज़ार का झण्डा

इस दृश्य को देखे
बहुत दिन हुए
साप्ताहिक हाट बाज़ार में
आदिवासीगण
लाठी के दोनों सिरों पर
कई-कई मुर्गों को
टाँगों से बाँध
अपने काँधे पर उठा
बेचने के लिए लाया करते थे
हम ख़रीद लेते थे चार-पाँच मुर्गे
ध्यान में रखते हुए
पूरे सप्ताह भर की माँग और पूर्ति
लोहा-पलंग के चारों पायों से
एक-एक मुर्गे की टाँगों को बाँध
उन्हें डालते रोज दाना-पानी
सप्ताह के दिनों में
एक-एक कर खोलते थे उनकी टाँगें

यह बात हमारे वहाँ से ट्रांसफर होने के साथ
आयी-गयी हो गयी
बीते बारह सालों में
एक बार फिर रहने का मौक़ा मिला उधर

बहुत कुछ बदल गया वहाँ
लेकिन नोट करने लायक यही बचा
कि आजकल उस साप्ताहिक हाट बाज़ार के
भरने का स्थान वही है
बस बदलाव यही हुआ
कि आदिवासीगण
लाठी में मुर्गे बाँध
अपने काँधे पर रख अब नहीं लाते
उल्टे हाट में आये
दुकानदारों से ख़रीद कर
ब्रायलर-कॉकरेल मुर्गे
हाथों में पकड़े थैलों में रखकर
या उन थैलों को
उसी काँधे पर टाँक कर ले जा रहे हैं घर
जिस पर कभी मुर्गे बँधी लाठी
ढोते थे

एक दशक के बीतते ही
बाज़ार ने
पूरी तरह पसार लिये हैं पैर
हाट में
उसका बस लेटना ही बचा है
कल सुबह की पहली किरण के साथ
उसकी यह इच्छा भी
मुझे पूरी होते दिखाई दे रही है
और आप ...
आप हैं कि इस बाज़ार के सतरंगी झण्डे को
मज़बूती से थामे
बीच बाज़ार में
खड़े हैं!

छल विद्या

द्रोण
तुमने एकलव्य को
उसकी जाति के कारण
नहीं सिखायी थी धनुर्विद्या
फिर भी तुम्हारी कुटिलता के सामने उसने
सिर झुका
सोचे-विचारे बिना
माँगने पर तुम्हारे
गुरु दक्षिणा में
दे दिया सहर्ष
अपना अँगूठा

तुम्हारे चेलों ने
औरों की तरह
वर्चस्व क़ायम रखने
एक क्षेपक यह लिया कि
मूर्ति बनाकर तुम्हारी, सामने रखकर
सीखी थी उसने धनुर्विद्या!

ख़ैर, तुम उनके लिए बने रहे पूज्य
और हमारे लिए...

तुम गुरु नहीं
छल-विद्या के गुरु निकले
विद्या जब दी ही नहीं
तो क्यों माँगी तुमने दक्षिणा?

इसके पीछे
अर्जुन की श्रेष्ठता
बनाये रखने की
निहित नहीं थी तुम्हारी धूर्तता?
अँगूठा माँगने की
इस घटना के बाद
हमारे पुरखों ने
इससे सीख ग्रहण कर
तुम्हारे शिष्यों की तरह
तीर चलाना छोड़ दिया है
छल-विद्या पर टिकी
तुम्हारी धनुर्विद्या की कला को
हममें से कोई भी नहीं मानता।

वो सिर पर चढ़ने को आमादा है

हमारी पीठ पर सवार हो
तुम्हारा सूरज
हमारी परछाईं को
सिकोड़ता हुआ
हमारे सिर पर चढ़ने को
आमादा है
पता है उसे भी
कि वहाँ भी वह ज़्यादा समय
रुक नहीं पायेगा
पर धीरे-धीरे वह
सिर पर चढ़ने लगा है
इन्तज़ार है हमें भी
उसके नीचे उतर आने का।

हमारा पसीजना

हत्यारा
हज़ारों सालों से
हर हत्या के बाद
दिखाता हुआ ख़ूनी बत्तीसी
करता आया है अट्टहास
लेकिन
ख़ुद की बारी आने पर
अपने को मृत्यु के सम्मुख खड़ा पाकर
हाथ जोड़े
रहम की भीख माँगता हुआ
दण्डवत हो साष्टाँग
गिड़गिड़ाता है

पसीज कर
उसे फिर से सिर उठाने का मौक़ा देने
की ग़लती करते आये हैं हम।

जागते हुए सपने

यथास्थितिवादियों के
बहकावे में आकर
धर्मान्धता की
गहरी नींद
सोते हुए लोग
सपने
सजीव होते हुए
नहीं देखते हैं
वे धर्मान्ध हो
केवल सुनते हैं
दृश्यों के बिना
आती हुई आवाज़ें
जो कानों से टकरा
खो जाती हैं
विस्मृतता के सपनों में

जो धुँध में डूब गूँगे-बहरे हो चुके हैं
वे तो सपने
कभी सुन भी नहीं पाते
इसलिए
समय की माँग को समझो
धर्मान्धता को छोड़

हक़ीक़त में जागो
खुली आँखों से देखो
और बुनो अपने सपने
देखे-बुने इन सपनों को
साकार करने
गूँगापन त्याग अपना
शोषण के विरुद्ध
बोलना सीखो।

प्रकृत ज्ञान

मौन के पास
ख़ुद की कोई तय
आकृति नहीं होती
वह दूसरों की गढ़ी आकृति में
अक्सर अपनी आँखें बन्द किये
ख़ुद को खोजता रहता है
और खोजते-खोजते
बौराकर वह
ख़ुद में
ख़ुद से
बातें करने
लग जाता है।

जबकि विपश्यना
ले जाती है
एकान्त में
ज्ञानव्यापी मौन के पास
जाकर वहाँ
दृष्टि में
अन्तर्निहित भावनाओं में
समाहित होती हैं
गहरी मानवीय संवेदनाएँ

अन्ध वीवर से
बाहर निकलने की
चाबी है यही।

उजाले की राह को चौड़ी करो

अँधेरों का
आदी था
कभी-कभार
उजाले भरी राहों को
दूर से निहार लेता था

अँधेरों में
कृत्रिम रोशनी फैला
हमारी आँखों को
इस तरह चुँधिया दिया उसने
कि अब कुछ भी देखना
मुहाल हुआ जा रहा है
यह अब आँखों में
किरच रही है
अँगुलियाँ हैं कि स्वतः चली जाती हैं
आँखों की ओर
मसलने उन्हें
जबकि हमें चाहिए
कि इस स्रोत को
बन्द कर
अपने हिस्से का प्रकाश पाने
इस उजाले की झिर्री को
थोड़ा चौड़ा करें।

सुसुप्त ज्वालामुखी

पृथ्वी की सतह पर उभर
फूट पड़े
ज्वालामुखी के मुँहाने से
तरल और सूखी गर्म राख,
छोटी-बड़ी चट्टानों को
अपने साथ ले
तेज़ी से फैल रही है
आसमान को
स्याह करती

उबलता हुआ लावा
परत-दर-परत जमता जा रहा है
धरा पर
नयी सतह बनाता हुआ
समय के साथ पसरने की
उसकी अपनी गति है

शनैः-शनैः
मुँहाने से बहते हुए
सुलगते लावा के
फव्वारे-सा फूट पड़ने पर
उसे शान्त करने

प्रकृति के सिवा
किसी का वश नहीं चलता।

ऐसा ही
धधकता हुआ,
सुलगता हुआ
लावा बन
अन्याय की उर्वर भूमि पर बिखर कर
शोषण की गहराती जड़ों को
समूल नष्ट करता हुआ
नयी सतह
हो जाना चाहता हूँ।

चीख़ों से डर

घुप्प अँधेरों
ख़ौफ़नाक सन्नाटों
षड्यन्त्र भरी चुप्पी
तल्ख बर्ताव
और जातिगत भेदभाव के साथ ही
तुम्हारे दिखावटी प्रेम के भी आदी हो चुके हैं
हम

पहले हमें
अपनों की चीख़ों से
डर लगता था
लेकिन संघर्ष करने की इच्छाशक्ति
जाग्रत होने के बाद
चीख़ हमारी हो
या तुम्हारी
नहीं लगता
अब डर

बस किसी निरीह की ना हो
ये चीख़ें।

चुप रहना घातक होगा

आर्यावर्त में
रामराज की आहट पाकर
भय की लहर
गर्जना करती हुई
दौड़ी चली आ रही है
हमारी ओर

समय उचित रहा नहीं है अब
कुछ कहने का
कुछ भी कहना
अब केवल परिभाषित
विरोध हुआ

बालि
कालनेमि
ताड़का
सुबाहु
मारीच
कुम्भकर्ण
विराध
अहिरावण
खर-दूषण
मेघनाद

रावण
और शम्बूक
ओह बन्धु!
इनके क्रम की
तुम छोड़ो
करो चिन्ता
कि क्या बोलने की
अब फिर से शाही मनाही होगी?
याद रखो
ऐसी
मनाही का फ़रमान होने की
भरपूर आकांक्षा एवं
हुक्म उदूली के
परिणामों को जानने के बावजूद
हमारा चुप रहना...
सबके लिए
बेहद घातक होगा
बोलो, साथी बोलो,
कुछ तो बोलो
चुप ना रहो
बोलने पर तुम्हारे
एक मुहीम चलेगी
सब ओर से आवाज़ उठेगी
मुहीम को कारवाँ में बदलो
बोलो, साथी बोलो,
अपना मुँह खोलो
कुछ तो बोलो।

आँखों चढ़ी पट्टियाँ

ज्ञात मिथक कथाओं में
दो नारियों ने
अपनी आँखों पर
काली पट्टी बाँधी है
एक थी महाभारत की गान्धारी
दूसरी है न्याय की देवी
जो हाथों में तराजू लिए
प्राचीन काल से
हमारे समय तक
सफ़ेदझक कपड़े पहन कर
मूर्तवत खड़ी है
इन
दोनों में से
किसने पहले-पहल बाँधी
अपनी आँखों पर काली पट्टी
यह खोज का
विषय हो सकता है
ख़ैर, इस फेर में मैं नहीं पड़ता
कि दोनों में से पहले किसने बाँधी
आँखों पर यह काली पट्टी
और ख़ुद को अन्धों की भीड़ में शामिल किया
लेकिन...
लेकिन इस जानबूझकर अन्धा होने के पीछे

मुझे अवश्य दिखाई पड़ते हैं
दोनों के निहितार्थ
गान्धारी मिथकों में रह समभाव में अन्धी हुई
लेकिन न्याय की देवी
अपने गल्पित आविर्भाव से लेकर
वर्तमान समय तक
डॉयस के पीछे वाली दीवार से सटी
हाथों में मज़बूती से थामे तराजू
पैडस्टल पर मूर्तवत खड़ी है
उसे आज के डिजिटलाइज़्ड युग में
तराजू बदलकर
काली पट्टी अपनी आँखों से
अपने ही हाथों
उतार लेनी चाहिए।

कड़ी निन्दा

महाराष्ट्र के
पालघर में
दो साधुओं सह ड्राइवर की हत्या
और बुलन्दशहर में
पुनः दो साधुओं की नृसंश हत्या की घटनाएँ

इन दोनों घटनाओं और
इसके पहले और
बाद में घटी
ऐसी सगरी घटनाओं की कड़ी निन्दा होनी चाहिए
आप क्या कहते हैं!

ऐसी निन्दा करते समय
पुष्यमित्र शुंग के छल-बल से राजसिंहासनारूढ़ होने के बाद
एक स्वर्ण मुद्रा के बदले
एक भन्ते का सर काट लाने की
राजकीय आदेशिकाओं का स्मरण कर
मेरा रोम-रोम खड़ा हो जाता है
और बुरी तरह सिहर उठता हूँ
आप क्या सोचते हैं!

यह कल्पना की जा सकती है आसानी से
शुंग राज्य द्वारा प्रायोजित उन हत्याओं की

अत्याधुनिक इस युग में घटित
इन हत्यारी घटनाओं की नृशंसता से
इसलिए मैं फिर से
आदि से आज तक हुए
तमाम हत्याकाण्डों की
कठोर शब्दों में
कड़ी-से-कड़ी
निन्दा करता हूँ
आपका क्या विचार हैं!

अलग दुनिया

मैंने अपने दादा को देखा
सालमशाही,
नागरी जूतियाँ बनाते हुए
उनके ग्राहकों को प्रतीक्षा करनी पड़ती थी
अपनी बारी की

पिता ने अपना हुनर
चप्पल और बूट बनाने में माँजा
उनके मुकाबले
चप्पल बनाने वाला कारीगर
आसपास के इलाक़े में
दूसरा कोई नहीं था
ग्राहक यहाँ भी प्रतीक्षा में रहते थे
जब भी कोई ग्राहक
बूट बनाने के लिए पिता से कहता
तो उसे वे अपने भाई के पास भिजवा देते थे

काँपी और क़लम चलाने के सिवाय
मैं नहीं सीख पाया
विरासत में
जूतियाँ, चप्पल और बूट बनाना
नालायक था मैं

इसलिए प्रतीक्षा सूची नहीं रही मेरे यहाँ कभी
मेरे बेटे मुझसे कई क़दम आगे हैं
उन्हें कॉपी और क़लम के बारे में थोड़ा-बहुत ज्ञान है
लेकिन जितना वे जानते हैं
अपने पुश्तैनी काम के बारे में
उससे और अधिक जानना नहीं चाहते
उनकी मुझसे
दादा से
और परदादाओं से अलग ही दुनिया है।

मेरा एटीट्यूट

मैं ईश्वर के अस्तित्व को नहीं मानता
कोई तीज-त्योहार नहीं मनाता
होली पर रंग नहीं डालता किसी पर
न ख़ुद पर
कभी किसी से रंग डलवाना पसन्द करता हूँ

मैं नास्तिक हूँ
किसी ईश्वर और त्योहार को नहीं मानता
यह बात जब पुरजोर तरीक़े से
हर आगंतुक से कहता हूँ
तब भी वे मेरी बात को नहीं मानते
उनकी ज़िद के आगे हार कर
मुझे एलर्जी है रंगों से,
गुलाल से
इसलिए नहीं लगवाता इन्हें
अपने माथे पर
यह बहाना भी बनाता हूँ
फिर भी वे हैं कि मानते नहीं
उनका सम्मान कर
हाथ जोड़
खड़ा हो जाता हूँ
अपने स्थान पर
लेकिन माथा अपना फिर भी नहीं रंगवाता

क्या करूँ, घर आये से
गाली-गुफ्तार कर नहीं सकता

एक बार अपने मोबाइल पर
एक ही विषय पर
एक सौ चालीस से अधिक प्रायोजित कॉल सुन-सुन कर
इरीटेट हो गया और
पिछवाड़े लात मारने को बोल दिया था
किसी अनजाने को फ़ोन पर
भाई लोगों ने उस कॉल को भी रिकॉर्ड किया
और रिकॉर्डिंग को वायरल किया
इसे लेकर इश्यू बना
भाई लोगों ने मेरी वाट लगाने में
अपने तईं कोई कसर नहीं छोड़ी
जितेन्द्र भाई को
यह काण्ड थोड़ा-थोड़ा शायद पता है
लेकिन मेरा साथ किसी ने नहीं दिया
अपने बलबूते इसका सामना किया
और उपजी समस्या से किसी तरह उबरा

इसी तरह अपने मोबाइल पर
दशहरा, दीवाली वग़ैरह-वग़ैरह
अवसरों पर मिले त्योहारी मैसेज का
सामान्यत: कोई जवाब नहीं देता
फिर भी लोग इससे आगे जाकर
मोबाइल पर कॉल करते हैं मुझे
भाँति-भाँति के त्योहारों पर
बधाई-शुभकामनाएँ देते हैं
जवाब में मैं इन आडम्बरों पर
कुछ बोलने की
कोशिश करता भी हूँ

लेकिन उस घटना को सोच बोल नहीं पाता
शब्द जिह्वा पर आकर रुक जाते हैं

सार्वजनिक जीवन से जुड़ा हूँ
इसलिए किसी भी तथाकथित त्यौहार के आने पर
अपना फ़ोन स्विच ऑफ़ भी नहीं कर सकता
भले ही लोग मुझे एटीट्यूट वाला
या घमण्डी कहें
वे ऐसा कहते रहें
या कहते भी होंगे
तो इससे मुझ पर क्या फ़र्क़ पड़ना है
कम से कम अपने इस रूखेपन के मारे
ऐसी त्योहारी
आडम्बरी औपचारिकताओं का
जवाब देने से तो
बच गया
इसलिए स्वीकारता हूँ
हाँ, भाई मैं एटीट्यूट वाला हूँ।

तुम्हें मुबारक उजियारा, तुम्हारा

बन्धुवर
नहीं, नहीं बन्धुवर नहीं
तुम तो माई-बाप हो
फिर भी सुनो
तुम्हारे घर, आँगन में
उजाले के लिए
जिन शूद्रों ने
अपनों पाँवों-हाथों से
माटी को गूँधा
चाक पर रख
अपनी उँगलियाँ चला
अदद दीया बनाया,
उस दीये में अपनों के उपजाये हुए
कपास की धुनाई कर
निकली रुई की बाती बना
शूद्रों के ही खेतों में उगे
तिलहनों को घानी में पिरोकर
किसी शूद्र द्वारा निकाले गये
तेल का स्नेहक डाल
अपना उजियारा
तुम्हारे आँगन में बो कर
ख़ुद को अँधेरे में

डुबो दिया
तुम्हारी व्यवस्था के हाथों बनाये गये
उन शूद्रों की तरफ़ से
तुम्हें यह उजियारा
मुबारक हो...

और शूद्र...!
वे श्रीमुख से तुम्हारे
यह सुनने में व्यस्त हैं कि
आज ही के दिन
लंका विजय कर रामजी वापस आये थे
इस खुशी में
हम सब प्रकाशपर्व मनाते हैं
लेकिन ऐसी भव्यतम वापसी के बाद
हमारी आँखों के सामने
शम्बूक के धड़ से
सिर के जुदा होने का दृश्य
जीवित हो उठता है
जिसे तेरे एक पुरखे ने
बड़ी सफ़ाई और चतुराई के साथ
अपनी लिखी कथा में
गोल कर दिया
इसलिए ऐसा स्वहितसाधक उजियारा
तुम्हें ही मुबारक हो

शम्बूक के काटे गये सिर के सामने
हमारा क्या
न माटी, न दीया
न कपास, न बाती
न तेल, न उजियारा
केवल शोक!!

प्रतिष्ठा में प्राण

वर्ण-व्यवस्था की
अन्तिम पायदान पर खड़े
शूद्रों ने
छैनी-हथौड़ी की सहायता से
पत्थर को बारीक़ी से कुरेदा
नहीं..., कुरेदा नहीं
उन्होंने अपनी कारीगरी और कड़ी मेहनत से
उसे सावधानी से तराशा
तुम्हारे चाहे अनुसार
पत्थर को
मानवाकार देकर
हर तरह की मूर्तियाँ गढ़ीं
उसके बाद इन्हें
आधिपत्य में ले
तूने ढोंगयुक्त गधास्वर में
गलाफाड़ आलापते हुए
कुछ-कुछ अजीब-सा गाया और घोषणा की
कि मूर्ति में अब प्राण प्रतिष्ठा हो गयी है

शूद्रों की गढ़ी
इन मूर्तियों में प्राण कहीं से आये या नहीं
वह जीवित हुईं या नहीं
लेकिन उन्हें देखते ही लगता था

कि अब बोल पड़ेंगी
कि अब बोल ही पड़ेंगी
निर्जीव पत्थर में
यह बोल पड़ने की जीवन्त भाव-भंगिमा
तथाकथित शूद्रों की मेहनत
और कारीगरी के बल पर आयी थी
लेकिन तेरी इस प्राण प्रतिष्ठा की
उद्घोषणा के बाद हुआ यह
कि शूद्रजन अपनी ही गढ़ी हुई मूर्तियों से
दूर कर अछूत बना दिये गये

शूद्रों ने
निगोड़े पत्थर को
तन्मयता से तराशा भर था
इसमें तुम्हारे बतलाये प्राण
आये कहाँ से?
उस मन्त्र को कुरेदते हुए
जड़ से खोद कर उखाड़ना है
ताकि निकाल सकें
मूर्तियों से
तथाकथित प्रतिष्ठित प्राण।

मुकर्रर है ऐसा समय

अपनी ही लगाई
आग की आँच में
इस बात से अनजान होकर
कि किसी दिन
ख़ुद ही झुलस जायेंगे इसमें
फिलहाल वो हाथ सेंक रहे हैं

सोची-समझी लगायी
उनकी इस आग में जलकर
राख में तब्दील होने का समय
उन्हें नहीं पता
ख़ुद उन्हें ही क्या
उनके षड्यन्त्र में शामिल रहे
किसी को नहीं पता
लेकिन दलित कवि को यह पता है
कि मुकर्रर है ऐसा समय।

कौन जाता है वहाँ

उन्होंने काले धागे में
नींबू-मिर्ची पिरो कर
दरवाज़े के बीचो-बीच
ठुकी हुई घुड़-नाल के नीचे
बाँध दी है
ताकि हम जैसी बलाएँ
दूर रहें

सोचिए
वे ख़ुद में हैं
कितनी बड़ी बला
देश की
समाज की!

घण्टा

घड़ियाल
अपुन को बजानी है नहीं
चलो एक काम करें
मन्दिर का घण्टा ही
बजा देते हैं।

लौटना भी है

आकाश में
तय ऊँचाई तक
सिर्फ़ उड़ा जा सकता है
वहाँ रुकने,
विश्राम करने
या रात बिताने
या खाने-पीने का
कोई स्टेशन है नहीं
इन सबके लिए
नीचे धरती पर आ कर
अपने पाँवों पर टिकना होगा
यही हक़ीक़त है
इससे दूर भागने वालों!
दूर ना भागो
वरना औंधे मुँह गिरोगे

जितना चाहो उतना
उड़ो!
ख़ूब उड़ो
जहाँ तक जा सको
उस ऊँचाई तक उड़ो
लेकिन कब तक ऐसे उड़ते रहोगे

अन्ततः आना है
ज़मीन पर
इसलिए अपने पाँव
धरती पर रखो
फिर उड़ो,
बार-बार उड़ो
जी भर कर
अपनी पूरी क्षमता से उड़ो
ताकि ऊँचाई छू सको
लेकिन ख़याल रहे
लौटना भी है
धीरे-धीरे रखना है पाँव
धरती पर।

तुम्हारा श्राद्ध

अपने पूर्वजों के श्राद्ध पर
तुम कौओं को खीर-पूड़ी खिलाओ
इसमें कोई ऐतराज नहीं है मुझे
अपने पुरखों का श्राद्ध करने
घर पर तुम मँगा नहीं पाओगे
माँस, मछली, मुर्गा, मदिरा आदि
तुम चाहो तो
मुझे भेज दो ये सब
मेरे खाते ही
सगरा तुम्हारे पुरखों तक शर्तिया पहुँच जायेगा,
यह सामग्री मुझ तक भेजने के लिए
परेशान नहीं होना होगा तुम्हें
भोपाल के मशहूर किफायती होटल 'हकीम' का
नम्बर गूगल बाबा पर सर्च कर लो
उसका बन्दा पार्सल मेरे घर आकर मुझे दे देगा
बस आनलाइन पेमेंट कर
मेरा दूरभाष नम्बर आर्डर के साथ नोट करा देना
और हाँ, जो तुम्हारे पुरखों को रहा हो बेहद पसन्द
उसका आर्डर करना भूलना मत
किसी भी खाद्य
किसी भी पेय से
कोई परहेज नहीं है मुझे

बस अपने पितरों का पूरा ख़याल रखो तुम
पण्डितजी बेचारे
इनको चौड़े से भकोस कर
तुम्हारे पितरों तक पहुँचाने से तो रहे
इसलिए ऐसे अवसरों पर
मैं हूँ ना
उपलब्ध करायी सगरी सामग्री
सीधे तुम्हारे पितरों तक पहुँचाने की गारंटी है मेरी।

काम क्या करते हो

मेरे द्वारा फ़ोन उठाकर
सामने वाले को
अपना परिचय देते ही
उसने उधर से पूछी मेरी जात
और पूछा मुझसे
कि मैं क्या काम करता हूँ
मैंने कहा भंगी हूँ
झाड़ू लगाता हूँ,
कुन्द दिमाग़ों में
छाये हुए जालों को भी
सिरे से साफ़ करता हूँ
वहाँ फैले हुए कचरे को
टोकरी में बटोर कर
आग लगाता हूँ
मेज़ पर पड़ी
फ़ाइलें झटका कर
उन पर जमी हुई
धूल साफ़ करता हूँ
और आख़िरी में
काम के कारण किये जा रहे
तुम जैसों के जातिवाद पर
लात मारता हूँ
... उसने झट से फ़ोन काट दिया।

खुजली

आजकल
उनके लगी खुजली
अपनी उँगलियों से
खुजा देने वालों का
ज़माना रहा नहीं है,

उनके रचे
इस माहौल में वे ही
इस परम्परा का
निर्वहन कर पायेंगे
जो अपनी जिह्वा से
उनकी खुजली को
मिटाने जुटेंगे।

देवी-देवता की फ़ौज

तुमने
एक दिन में
कितने सारे देवी-देवता
कितनी बार में
किस तरह से गढ़े
कि कुछ वर्षों में सीमित
जीवन में
तुम तैंतीस करोड़ की
संख्या तक
इन्हें बैठे-ठाले
गढ़ बैठे अन्धाधुन्ध।

इसके अलावा
कोई और सकारात्मक, सर्जनात्मक
काम भी किया है
तुमने इस सृष्टि के लिए?

ठेका

ज्ञान बाँटने
या फिर बटोरने की चीज़ है
पार्टनर....
और तुम्हारे ज्ञान की ज़ेब
बुरी तरह फटी हुई है।

धूर्तता के अलावा
इसमें कुछ टिकता नहीं है
इसके बावजूद
बिना किसी निविदा
सारी बुद्धिमानी का ठेका
तुम्हीं ने लेकर
अपनी इसी फटी हुई ज़ेब में
टाँक रखा है।

धूर्त से सँभलो

इस देश में
एक सुनार है
जो उल्टी झाड़ू निकालता है...
अपने घर और दुकान के
बाहर से भीतर की ओर
ताकि क़ीमती धातुओं के बारीक कण
कचरे के साथ
बाहर ना फिंक जायें

दूसरा कौन है...!
जो सहेजता है धूर्तता
हमें इसका जवाब खोजने की नहीं
बस बूझने-समझने
और समझ जाने के बाद
उस धूर्त से सँभलने की
ज़रूरत है।

नीम चढ़े साँप

साँप
सामान्यत:
भोजन पाने के लिए
पेड़ पर चढ़ता है
या
प्राकृतिक आपदाओं में
अपने बचाव के लिए
कभी-कभी
चढ़ जाता है
पेड़ पर।

तुम्हारे जैसे
कुछ साँप
भोजन पाने की इच्छा के बिना
करेले की बेल की तरह
ज़्यादा ज़हरीले और कड़ुवे होने की चाह में
चढ़ जाते हैं
नीम पर
और कहलाते हैं
करेला
और वह भी
नीम चढ़ा।

बराबरी का दड़बा

रोज़
सुबह
दड़बे में
दाख़िल हो जाना
एक तरह की
क़ैद है
लेकिन दड़बा
जेल नहीं है
लेकिन घर भी नहीं है
यह रोज़ी कमाने की जगह है
यहाँ हर इन्सान का
अपना दड़बा है
किसी का छोटा
किसी का बड़ा
किसी का उस बड़े से और बड़ा
किसी का विशाल
जैसा जिसका ओहदा
वैसा उसका दड़बा

दड़बा
कुछ पल बिताने का
अस्थायी आशियाना भी है
इस दड़बे में

हमारा यों बैठकर
समय पर काम कर
रोज़ी कमाना भी
तुम्हें मंजूर नहीं है,
तुम चाहते हो
कि हम फुटपाथ पर
छतरी लगाकर बैठें
जूते गाँठें,
उनकी मरम्मत करें
सड़कें साफ़ करें या
फिर तुम्हारी निःशुल्क
सेवा-शुश्रूषा में
खपा दें अपना सारा जीवन

बस
बराबरी के दड़बे में
हम बैठें
यह गँवारा नहीं है तुम्हें।

अश्वमेध का घोड़ा

हमने गधे को
छत पर चढ़ा दिया है,
हमारी लाख कोशिशों के बावजूद
यह गधा अब
नीचे नहीं उतर रहा,
बल्कि वह अपने खुरों से
छत खोदे जा रहा है
लगता है
यह छत को खोद कर ही दम लेगा
और वहाँ से नीचे गिरेगा...!

एक डर और बना है, गहराता हुआ
कि कहीं कूद-फाँद करते हुए
छत को पूरी तरह खोद देने से पहले
यह गधा
आसमान में ही
इतने सारे छेद न कर दे
कि हम लोगों के ऊपर
मुसीबतों का आसमान ही फट पड़े

बुरे दौर में
कुछ भी हो सकता है

क्योंकि अब यह गधा
निरा गधा नहीं रहा
घोड़ों के साथ दौड़ते
ख़ुद को घोड़ा और घोड़ों को गधा
समझने लगा है
जबकि बुद्धि के मामले में
ना ही यह खोता है मुल्ला नसरुद्दीन का
कि यह थोड़ी-सी समझ दिखाये
दरअसल
यह गर्दभदेव है
वैशाखनन्दन है यह
इसे देखते हुए
कई बार मुझे पता नहीं
क्यों लगने लगता है ऐसा
कि यह खालिस गधा नहीं
कहीं से खोता है ही नहीं यह
बल्कि यज्ञ के लिए
इस धरा पर छोड़ा गया
अश्वमेध का खच्चरनुमा घोड़ा है
या फिर घोड़ा होने का भ्रम फैलाता हुआ
एकदम निरा गधा ही है हृष्टपुष्ट
ढेंचू-ढेंचू करता हुआ।

मकड़जाल

ख़तरनाक
मकड़ियाँ
मुँह चलाते हुए
लार निकाल
जाला बुन रही हैं महीन
उनके बुने
इस मकड़जाल में
हमें बार-बार उलझाने
उनके ज़हरीले प्रयास ज़ारी हैं
किसी तरह बचाना है
इस जाल में फँसने से
ख़ुद को
सावधानी रखते हुए।

फेंके गये पत्थर

ख़ुद पर
फेंके गये पत्थर
बटोरते हुए
उन्हें गिन कर
दीवार पर लिखते हुए उनकी संख्या
सुरक्षित जगह पर
सहेज रहा हूँ उन्हें
ताकि लौटा सकूँ
किसी दिन
सूद सहित
सारे पत्थर।

शब्दवेधी रणबाँकुरे

कभी शब्दवेधी हुआ करते थे
बाण
हर धनुर्धर का निशाना थे
कानों में पड़े
शब्द और
शब्दों के निकलने की
दिशा एवं दशा
किन्तु हर धनुर्धर
नहीं होता था कामयाब
लक्ष्य भेदने

आजकल
होते नहीं वैसे
शब्द
बाण
तूणीर
धनुष
दिशा और
दशा
लेकिन शब्दवेधी
रणबाँकुड़े बहुत हैं

सावधान रहना!

हौसला

हमारा सब कुछ छीन लो
और छीन भी सकते हो
अपने पुरखों की मानिन्द
क्योंकि तुम भी वैसे ही
सक्षम हो
इस सामाजिक व्यवस्था में

ख़ुद के गढ़े हुए सर्वोच्च स्थान पर
स्वयंभू स्थापित होकर
ताक़तवर हो चुके हो बेहद
इसलिए छीन सकते हो
हमारा सब कुछ
लेकिन...
लेकिन हज़ारों हज़ार दमन के बावजूद
हमारा हौसला
हमसे नहीं छीन सकते
इसके सहारे खड़े होयेंगे
हम बार-बार।

देवभाषा और हम

ईश्वर
देवभाषा संस्कृत को ही जानता है
संस्कृत में समझता है
संस्कृत में बोलता है
और शूद्रों के लिए
संस्कृत पढ़ने-बोलने की अनादिकाल से मनाही थी
यह आरक्षित थी
केवल छूतों के लिए
गुरुकुलों में बोली जाती थी
इसी में रची जाती थीं ऋचाएँ
जिन्हें उच्चारित करते हुए
द्विजों ने इसमें रचे
अपने लाभार्थ वेद-पुराण
ऐसी भाषा में बोलना तो दूर
इसे सुनना तक मना था हमें
गुरुकुलों में
प्रवेश प्रतिबन्धित था

जानते थे हम
केवल आड़ी बोली
जिसकी अपनी कोई क्षमता ऐसी थी नहीं
कि आमोद-प्रमोद में रत
अलौकिक शक्तिमन्त ईश्वर तक पहुँचती

पुरखों की पुकार
किसी तरह पहुँची भी हो
उसके कानों तक यह पुकार
लेकिन वह तो केवल संस्कृत समझता था
जबकि संस्कृत
आम जनता से कोसों दूर
भाषा थी ख़ासमख़ास लोगों की
इसलिए देवभाषा थी
और उन्हीं ख़ासमख़ास लोगों की बात
सुनता और समझता था
ईश्वर
जो था नहीं कहीं
सिवाय नरश्रेष्ठों के रचे गल्प में शामिल हो
संस्कृत में स्तुत्य था

हमारे पुरखों ने
जो व्याध्र थे किसी समय
'एकस्मिन अरण्ये एकस्य व्याध्र अस्ति'
यह पंक्ति सुनते ही
सचेत हो जाते थे वे
इन शब्दों से आगे जाकर
उन्होंने जानने की कोशिश की तो
उनके कानों में पिघला शीशा डाला गया
इससे मन नहीं भरा तो
उनकी जीभ खींच ली गयी
दारुण दुःख के मारे
उनके मुँह से आवाज़ नहीं निकल पायी
क्योंकि तब तक तथाकथित छूतों की सहमति से
उनकी जिह्वा काटी जा चुकी थी
उस समय जब क्षीरसागर में

विराजित वासुकी की गोद में आराम करता हुआ ईश्वर
कोमलांगिनी पत्नी से
पाँव दबवाने में व्यस्त था
हमारे पुरखों में कोई नहीं था नारद जैसा
कि वहाँ बेरोकटोक जाकर अपनी व्यथा उस तक पहुँचा पाता

हमारे पुरखे
शोषकों की सेवा-शुश्रूषा से बाहर नहीं निकल पाये
श्रम करने में जुटे रहे
इसी श्रम से छूत उड़ाते रहे मौज
उनकी मौज में पूरी तरह शरीक था
तथाकथित ईश्वर

हमारे पुरखे उठाते रहे उसका पाखाना
बनाते रहे उसके लिए चरणपादुकाएँ
बुनते-सिलते रहे उसके अंग-वस्त्र
उसका पोखर जैसा पेट भरने उगाते रहे
बंजर खेतों में अन्न
और वह विलासी जीवन जीता हुआ केवल
सुनता, समझता और बोलता रहा
देवभाषा संस्कृत
इससे इतर उसे कुछ आता नहीं था

देवभाषा पर
इस एकाधिकार के कारण
पूरा ब्रह्माण्ड देवज्योति से जगमगाता रहा है
देव, सुर, गन्धर्व और किन्नर
कृतज्ञ हो गाते रहे हैं स्तुतिगान
किसी तरह यह भंग हो जाता तो
टूट जाती ब्रह्मा की समाधि

कैलास पर विराजमान शिव क्रोधित होकर
ताण्डव करने लग जाते
क्रोध के मारे उनका तीसरा नेत्र खुल जाता
और यह सृष्टि जलकर कब की भस्म हो चुकी होती
इस तरह प्रलय आने का बखान करता रहा वह
आगे बताया उसने
हमारे बोलने पर देवभाषा
देवराज इन्द्र का सिंहासन अस्थिर हो जाता
वह हाथ में वज्र ले दौड़ पड़ता
हमारे पुरखों की हत्या करने
क्षीरसागर में निद्रामग्न भगवन जाग कर
गणों सहित
कहीं कोई अवतार ही ले लेता

तुम्हारे इस स्वघोषित एकाधिकार ने प्रभुजन
इन सब देवों के क्रोध से हमें बचा लिया
इसलिए तुम ही रखो
सारे विलासियों को अपने पास
हम...
हम तो
इन सब के चक्कर में
नहीं पड़ते।

ईश्वर, माँ-बाप

उन्होंने कहा
सत्यनारायण की कथा बाँचते हुए—
ईश्वर के हम सब बाल-बच्चे हैं
वह हमारा माँ-बाप है
वह हमारा कभी बुरा नहीं चाहता
जितने भी दुख हम भोगते हैं
वे हमारे पिछले जन्मों के फल हैं
सुना हमने भी यह
लाउडस्पीकर पर
रास्ते से गुज़रते हुए

सुनो
ईश्वर तुम्हारा बाप हो सकता है
हम न पूर्व जन्म मानते हैं
न पुनर्जन्म को जानते हैं
और इस जन्म में
हमारे माता-पिता ही
हमारे माँ-बाप हैं
और वे ही हमारे
ईश्वर हैं।

आँखों चढ़ा अँखोड़ा

हमारे मुँह में लगाम लगा
उसे रस्सी से बाँध कर खींचने वाले
तुम थे

हमारे पैरों में लोह नाल लगा
उसमें कीलें ठोंकने वाले
तुम थे

हमारी पीठ पर कड़े चमड़े की जीन कस
उस पर सवार हो
पराये घरों में
डाका डालने वाले
तुम थे

हमारी आँखों के आगे
चमड़े का अखोड़ा
बाँध उन्हें ढँककर ताँगे में जोत
उसकी सवारी करने वाले
तुम थे

जब-जब हमने
तुम्हारी धूर्तता और क्रूरता का विरोध किया
उसी समय हमारे पुट्ठे पर

चाबुक बरसाने वाले भी
तुम थे

लेकिन अब तुम हमारी पीठ पर
सवार नहीं हो पाओगे
अपने मुँह पर लगी लगाम
खोल रहे हैं हम
अपनी पीठ पर कसी हुई जीन
निकाल रहे हैं हम
अपने पैरों में ठुकी
कीलें और नाल
अपनी आँखों पर चढ़े
चमड़े के अँखोड़ों को
उतार कर फेंक रहे हैं
हम।

वाकई ताक़तवर हैं हम

सदियों से
सैकड़ों पीढ़ियों पर
तुम्हारी ढायी हुई
असंख्य यातनाओं को
लगातार झेलने के बावजूद
हम अभी तक ज़िन्दा हैं
क्या हमारा दिल
इतना मज़बूत है
कि हम ज़िन्दा हैं अब तक
हमारा शरीर
क्या सचमुच में बहुत ताक़तवर है
कि हम सहते रहें तुम्हारी ढायी असंख्य यातनाएँ
और इसके बाद भी
नारकीय जीवन जीते हुए ज़िन्दा रहें

सदियों से ढाते आ रहे
दलन-दमन को देख
हमें यक़ीन नहीं होता इस बात पर
कि हम बहुत ताक़तवर हैं
यदि हो गया हमें
यह यक़ीन
कि हम वास्तव में बहुत ताक़तवर हैं

उस दिन...
उस दिन हमारा खुला हुआ हाथ
मुट्ठी बन चुका होगा
यक़ीनन...।

मैं गूँगा नहीं हूँ

हमारे लिए
गूँगा था शब्द
सनातन काल से
तुम्हारी दासता के तले
ज़ुल्म सहता रहा
उफ़्फ़ तक का बोल
मुख से नहीं फूटा
अब बाबा साहब की वाणी और इशारे पर
बोलने लगा है यह
कहानी ज़ुल्मों की
और कहता भी है—अब
गूँगा नहीं हूँ।

पंचावक्र

हमारे शरीर में
दो हाथ
दो पाँव हैं
एक सिर
जिसमें
दो कान
दो आँख
एक नाक
एक मुँह है जिसमें
एक जिह्वा है
एक साथ कई दाँतों का जमाव है
ऐसे ही
एक पेट
एक नाभि
एक लिंग
एक गुदा है
यही सब तो
तुम्हारे पास भी है
फिर भी तुम
एक चुटैया,
एक मूतासूत्र
एक त्रिपुण्ड

एक माला
एक लंगी
धारण करते हो
लगते कितने अटपटे हो
सोचा है कभी!

हमारा अपना समय

तूने कहा—
समय लिखो
मैंने कोरे काग़ज़ पर
काले अक्षरों में लिखा समय
जो हम दोनों का
अलग-अलग था

तूने कहा—
दिन लिखो
मैंने उसी काग़ज़ पर लिखा दिन
जिसकी सिर्फ़ सुबह मेरी थी और
शेष दिन में व्याप्त थी
तुम्हारी बेगार
जो मेरे समय की सीढ़ी पर
दिन भर चढ़ाई करती हुई
साँझ ढले से लेकर देर रात तक
मेरी पीठ पर लदी रही

तूने कहा—
रात् लिखो
और मैंने उसी काग़ज़ के एक कोने में लिखी रात
जिसमें शामिल हुआ
दिनभर भोगा हुआ मेरा दु:ख,

काँधे पर बेगार के साथ चढ़ा
सिर बजाता हुआ उत्पीड़न,
थकावट से चूर-चूर करता
शारीरिक और मानसिक शोषण
उसके साथ पसरा था चारों कोने
फटे-पुराने गोदड़ों में
उलझे हुए बड़े-बड़े बालों में रेंगती जूँओं को
मटमैले हाथों से निकाल
दोनों अँगूठों के नाख़ूनों के मध्य में रख चटखाता
मवादभरी खोपड़ियों के साथ
धीमे-धीमे
रेंगता हुआ मेरा समय
जिसके पीछे खड़ा था
आँखों में धूर्तता बसाये तू।

बर्दाश्त से बाहर हो
जब तनकर उठ खड़ा हुआ मैं
उसके बाद
तूने नहीं कहा फिर
मुझसे कभी
कि भोर लिख
उस लम्बी रात
सोचता रहा मैं
कि अब अगली भोर मेरी होगी

भोर होते ही
गुदड़ियाँ फेंक आऊँगा खार में
और होती हुई सुबह मेरी होगी
दोपहर
और मध्याह्न भी मेरे अपने होंगे

साँझ की लालिमा के साथ
होगा मेरा अपना समय
पूरा दिन
पूरी रात होगी मेरी
इस तरह पूरा होगा
मेरा अपना हर दिन
मेरी अपनी हर रात
मेरा अपना
सुनहरा समय।

मैं माँ के पास हूँ

(1)
माँ
खेतिहर मज़दूर थी
दाड़की जाती
धान का
रोपा लगाने
खेतों में
निराई-गुड़ाई करने
पकने पर
चना उखाड़ने
धान-ज्वार-मक्का-तुअर-गेहूँ
उड़द-मूँग काटने
गाँव बाहर घरों से लगे
खलिहानों में
मक्का छीलने
खेतों में पकी
मूँगफली उखाड़ने
थोड़े दिन बाद खलिहानों में उसे झूड़ने
असण, लहसुन खोदने
साल के ज़्यादातर महीनों में
उसे खेती-मज़ूरी का काम मिलता था

आजकल
रोपा लगाने और फ़सल काटने
आदि कामों को करने के लिए
आधुनिक मशीनें हैं
निराई-गुड़ाई अब पावड़ी से नहीं होती
उसके लिए कई प्रकार की खरपतवार नाशक दवाइयाँ
मिलती हैं बाज़ार में।

(2)
माँ के
निराई-गुड़ाई वाले औज़ार, पावड़ी
अब भी वैसी-की-वैसी नया बैंसा लगी
घर की डागरी पर रखी धूल खा रही है
पावड़ी पर पान चढ़ा कर
उसकी धार बनाने वाला लुहार चाचा भी
अब यह काम नहीं करता
आजीविका के लिए वह सब्ज़ी का ठेला लगा रहा है
माँ ने भी अब सिलाई करना शुरू कर दिया है
पोल्के, बण्डी और बुशशर्ट पर चाक से निशान लगा
अपने पास रखे मंघाराम बिस्किट के
एक टूटे डिब्बे में सहेजे
ढेर सारे बटनों में से चुनकर,
वह लगाती है
भाँति-भाँति के बटन
ऐसे ही दूसरे डिब्बे में रखी रहती हैं
कई रंगों के तागों की गट्टियाँ
और छोटी-बड़ी, मोटी-बारीक सुइयाँ
उसके सिले कपड़ों के रंगों के अनुकूल
गट्टी निकाल
तागे को

एक सुई में पिरो कर
वह टाँकती है बारीक़ी से बटन
काज से सीध मिला,
वह बटनों और धागों को लेकर कभी कंफ्यूज़ नहीं हुई
अब बयासी की उम्र में पेरालेसिस से प्रभावित हुए
अपने पाँव को चलायमान रखने
कभी-कभार घर से बाहर चली जाती है
तो खो जाती है
संस्कारधानी की सड़कों पर
अपनी याददाश्त के साथ
कभी ना ख़त्म होने वाले रास्तों पर चलते-चलते
आख़िरकार थक-हार कर
किनारे खड़ी हो सड़क के
किसी राहगीर से पूछती है
घर जाने का रास्ता
जो धागों और बटन के रंगों सा भ्रम नहीं फैला पाता
लेकिन तब तक हलकान हो चुके होते हैं माँ के पोते
और नन्ही पड़पोतियाँ लगातार पूछती है अपनी माँओं से
कहाँ है बड़ी दादी?
और बड़ी दादी के बड़े बेटे को पता ही नहीं चल पाता
कि धागे को सुई में पिरो
पोल्के, बण्डी और बुशर्ट पर बटन टाँकते
माँ कब घर से बाहर निकल कर
भटक आयी गोरखपुर, छोटी लाइन फाटक
और आख़िर में घबराती हुई
चार घण्टे बीतने के बाद
घर में लौट आयी...
बेटा किंकर्तव्यविमूढ़ हो
अनचाही चिन्ता में
बढ़ा लेता है अपना ब्लड-प्रेशर

माँ सुई हाथ में लेकर ढूँढ़ने लगी है
पोल्के, बण्डी और बुशर्ट के रंगों वाले
तागे और बटन।

(3)
माँ कब की पच्चासी पार कर चुकी है
सालों पहले उसे पेरालेसिस का अटैक आया था
शरीर के बायें हिस्से ने
काम करना बन्द कर दिया था
हफ़्तों अस्पताल में भर्ती रही
थोड़ी ठीक हुई तबसे उसके पास एक गेड़िया[1] है
जिसका सहारा ले सकती है वह चलते-फिरते
लेकिन कोई सहारा लेना नहीं चाहती वह
कई बार हम कहते हैं
माँ गेड़िया पकड़ कर चला करो
तुरन्त वह कहती है
कमरे में अभी चली तो थी
उसे ऐसा कर चलते हुए नहीं देखा किसी ने
प्रश्न यह नहीं है
माँ के कहे पर
कोई सवाल भी नहीं है किसी का
वह कहती है कि गेड़िया पकड़ कर कमरे में चली है
तो निश्चित ही चली होगी।

(4)
माँ को पता है
कि बेटे ने आज खाना नहीं खाया
इस उम्र में भी ख़याल रख पूछती है
कि बेटा आज दोपहर में खाना खाने क्यों नहीं आया?
क्या जवाब दूँ?

मुझसे झूठ बोला नहीं जाता माँ से
इसलिए हमेशा की तरह बात न मानने पर
उसकी नसीहतें सुनता हूँ
मेरी किसी बात से उसे दुःख न हो
क्या इसके लिए मैं झूठ बोल सकता हूँ?
नहीं, हरगिज नहीं
माँ से झूठ नहीं बोल सकता
तय है कि मैं झूठ बोलते पकड़ा जाऊँगा
ग़लती मान लेने में ही मेरी बेहतरी है
मुझे पता है कि माँ मेरा जवाब सुन
मुझे कोई दण्ड नहीं देगी
इसीलिए मान लेता हूँ
अपनी ग़लती।

(5)
मुझसे मिलने पर
कहते हैं लोग
अच्छा!
आपकी माँ बुढ़ापे में आपके पास हैं!!
उन्हें क्या कहूँ
बेवकूफ़ हैं साले
समझते नहीं
कि माँ मेरे पास नहीं है
बल्कि मैं ख़ुद,
माँ के पास हूँ...।

[1]गेड़िया=स्टीक

कोविड–19

कोविड–19 से मैंने कहा
कि साले कब तक उन्नीस रहेगा बीस हो जा
और वह समझ बैठा
कि इस देश के लोगों को संक्रमित कर
संक्रमितों की संख्या 20 लाख से पार कराना है
और बिना कोई भूल किये
वह इस संख्या को पार कर बैठा
और वह यहीं पर नहीं रुका
विश्व में नम्बर एक पर आने की दौड़ में शामिल हो गया है
मेरे साथी ने कहा
कि दादा कोरोना लक्षणों के साथ
या बिना लक्षणों के दबे पाँव चला आता है
और इसके आने पर कुछ दिनों की मेहमानी करने के बाद
मुँह का स्वाद,
नाक से सूँघने की क्षमता ख़त्म हो जाती है
इसलिए रोज़ घर में अगरबत्ती लगा लिया करो
ताकि आपकी घ्राणशक्ति प्रभावित तो नहीं हुई है
समय रहते यह आपको पता चले
साथ ही रोज़ खाने के बाद गुड़ खाना मत भूलना
अगरबत्ती की सुगन्ध न आये
खाने पर गुड़ मीठा न लगे तो
समझ लेना कोविड-19 मेहमानी करने
शरीर में आ गया है

अब उस कमबख्त दोस्त को कौन समझाये
कि अगरबत्ती मेरे घर में है नहीं
आसपास फैली गन्दगी की दुर्गंध को रोज़-रोज़ सूँघते हुए
नाक भी लगभग अघा गयी है
इसमें ख़ुशबू का अन्दर तक आना बन्द है
और खाना रोज़ सुबह-शाम खाता हूँ
उस खाने का स्वाद या तो आयेगा या नहीं आयेगा
इसलिए गुड़ खाने से कोई फ़र्क़ नहीं पड़ना
गुड़ खाकर कौन-सा मैदान मार लेंगे
फिर बिना केमिकल के गुड़ बनता कहाँ है
और गुड़ में शामिल केमिकल का स्वाद लेकर क्या करूँगा?

आज के अख़बार में पढ़ा
कि घर में विटामिन-सी
विटामिन-डी
बी कॉम्प्लेक्स
पेरासिटामॉल
माउथवाश-गार्गल के लिए बीटाडीन
भाप लेने के लिए कैप्सूल और
शरीर में ऑक्सीजन सेचुरेशन मानिटर करने के लिए
ऑक्सीमीटर का घर में होना अनिवार्य है
यदि डर के मारे इतना सब घर में रखना होगा तो
क्या घर को अस्पताल बना दूँ?
मुझसे रहा नहीं गया
ख़ुद से बोल पड़ा—
कोविड-19 को आना हो तो आये
उसे दो हजार बीस से इक्कीस होना है
या उससे आगे तक चलते रहना है और
विश्व में भारत को पहले पायदान पर ले आना है
या नहीं लाना है

यह उसकी समस्या है, वह ही जाने
और हाँ, मेरा विल पॉवर मज़बूत है
मुझे जो होना होगा, वह बिना किसी रुकावट के होगा
वैसे भी सरकारी कोविड केयर सेंटर अथवा
कोविड डेडिकेटेड हॉस्पिटल में भर्ती होना है
वहाँ यदि बेड खाली नहीं हुआ तो
फर्श पर लेट कर अपना इलाज करायेंगे
भरती के सात दिन बाद बच गये तो !

(अप्रैल-2020)

भूख*

सर!
बहुत ज़ोरो से
भूख लगी है,
यहाँ नहीं है कोई व्यवस्था,
लॉकडाउन होने से
सारी दुकानें भी बन्द हैं
....
कुछ करो
कुछ करो, साहब।

बेटा, वहीं चेक पोस्ट पर रुक
फ़ोन रख,
व्यवस्था बनवाता हूँ

उसकी भूख को
महसूस कर
आँखों से दो बूँदें
लुढ़क गयीं।

*(16 मई, 2020 की सुबह 9.08 का नामे जमा...)

सहेजी रोटियाँ

रोटियाँ
जिनके लिए
हमने घर छोड़ा था,
बाहर जाकर
उन्हें कमाया
अपने पेट की ख़ातिर

ख़ुद का पेट काट
पन्नी में लपेट
सहेजा उन्हें बैग में
अपने बूढ़े माँ-बाप के लिए,
अपने नन्हे बच्चों के लिए,
ख़ुद अपने लिए
और सबसे आख़िर में
अपनी पत्नी के लिए

कब ये रोटियाँ
बैग से गिर कर
दो पाँतों के बीच जा
गिट्टियों पर बिखर गयीं,
हमें नहीं पता
हम मालगाड़ी के नीचे आ

उसके चक्कों से
कट चुके थे।

माँ-बाप,
पत्नी,
बच्चे बिलख रहे थे,
हम जा चुके थे जीवन से
हमें क्या पता
क्या गुज़री
हमारी सहेजी रोटियों पर!
क्या वे हमारे माँ-बाप को मिलीं?
क्या वे हमारे बच्चों को मिलीं?
क्या वे हमारी पत्नी को मिली?
... हमारी सहेजी रोटियाँ!
आख़िर कहाँ!
कैसे, क्यों बिखर गयीं।

लॉक डाउन

प्रवासी चले आ रहे हैं पैदल,
बियाबान जंगल से होकर पगडण्डियों के रास्ते
उनके पास नहीं है पैसा,
नहीं है कोई पहचान पत्र
वे लेट जाते हैं किसी ट्राले के नीचे
किसी मन्दिर के चबूतरे पर
थके-माँदे
कभी कोई पानी पिला देता है, रहम खाकर
लगता है कि कई दिनों से
उन्होंने कुछ नहीं खाया है,
हो सकता है
कि लॉक डाउन के चलते
उन्हें नहीं मिला हो कहीं कुछ खाने के लिए
यह भी हो सकता है
कि उनका नाम पूछ कर कोई खाने को नहीं देता होगा
कुछ हद तक यह माना जा सकता है
कि भूख के मारे शरीर में ग्लूकोज कम हुआ होगा
तभी तो वे सड़क किनारे चित्त पड़ गये
पागलों-सी हरकतें करते हुए
उनका कोरोना का टेस्ट हुआ
रिजल्ट निगेटिव निकला
इससे यह साबित हो गया

कि वे कोरोना पीड़ित नहीं हैं
लेकिन रहवासी मानने को तैयार नहीं हैं।

कहना यह है
कि कोई उन्हें थोड़ी-सी छाया दे,
थोड़ा पानी पिला कर
हो सके तो कुछ खिला दे
वे ठीक हो जायेंगे
लेकिन लोग हैं कि यह सब नहीं समझते
या समझना ही नहीं चाहते ये बातें
बात जो भी हो
प्रवासियों को थोड़ी-सी
देखभाल चाहिए तुम्हारी
करो भाई, उनकी देखभाल
देखो, उन्हें कुछ खाने को दो
तुम चाहो तो ख़ुद को
उनकी जगह रख कर, देखो-सोचो
देखो भाई, हो सके तो
कुछ करो
कर सको तो
कम-से-कम यह करो
कि इस कोरोना काल में
राहगीरों और प्रवासी मज़दूरों से डरो मत।

कोरोना और एकान्तवास

आजकल मैं
कोरोना की भयावहता के
सपने देखता हूँ,
मुझे इससे डर लगता है
और यह डर रात में
मेरी नींद उड़ा देता है...!
ऐसा लगने लगता है
कि मेरे शरीर में ऑक्सीजन का लेवल
थोड़ा कम हो गया है
गले में जमा हो गया है
ढेर सारा बलगम
मेरी साँस अब रुकी कि तब रुकी
यह डर मेरे में समाया रहा
लेकिन इतने सारे डर
मन में घर करने के बावजूद
डटा हूँ मैदान में
यह जानते हुए कि कोई तो है
जो मरघट तक
इस नामाकूल देह को भी ले जायेगा...
आख़िर दकियानूसीं वाले दाह संस्कार
किसे चाहिए
इसलिए
एकान्तवास में नहीं हूँ।

कोरोना देवी

कोरोना संक्रमण से बचाव के उपाय—
किसी सार्वजनिक दृष्टिगोचर स्थान को
गाय के गोबर से लीपें
लिपाई के सूखने पर
वहाँ गोमूत्र का
पान या आम के पत्तों को भिगो-भिगोकर
चारों ओर छिड़काव करें
अब एक कटोरी में थोड़ा सिन्दूर लें,
उसमें थोड़ा घी या मीठा तेल मिलाएँ
दोनों को चम्मच से ख़ूब फेंटे
और इन सब का घोल बना लें
फिर एक गोल या गोल जैसा दिखता पत्थर ढूँढ़ें
जो किसी नाले की तलहटी में
या आसपास कहीं भी मुरमीली ज़मीन में आसानी से मिल जायेगा
पत्थर की इस लोढ़ी पर
कुछ बूँदें पानी की छिड़कें
दोबारा गोमूत्र का छिड़काव करें
इसके बाद साफ़ कपड़े
या तौलिये से लोढ़ी को आहिस्ता से पोंछें
तैयार किये गये सिन्दूर के घोल को
स्नान कराये हुए गोल पत्थर पर
अँगुलियों से अच्छी तरह चुपड़ें
फिर सोने, चाँदी या एल्यूमीनियम

जैसी भी आपकी हैसियत हो, के वर्क का
एक चौथाई टुकड़ा हाथ से मोड़ते हुए आहिस्ता से काटें
इस कटे हुए वर्क के टुकड़े को सावधानी के साथ
सिन्दूर चुपड़े गोल पत्थर पर अच्छी तरह चिपकाएँ
लो कोरोना देवी की मूर्ति
पूजा के लिए तैयार हो चुकी है,
अब सवा फुट का लाल-सफ़ेद कपड़ा
गोबर लीपे हुए स्थान पर करीने से बिछायें
बिछे हुए कपड़े पर लोढ़ी को जयकारे के साथ विराजमान करें
इसके सामने पाँच अगरबत्ती या धूप जलायें,
गाय के गोबर से निर्मित कण्डों की आग में
गूगल या लोबान डालकर
देवी को धूप दें
उसके बाद नैवेद्य में
खाण्ड, चने, देसी दारू का प्रसाद चढ़ायें
ढाँक या ढोल हो तो उसे बजायें
ढमा-ढम ढमा-ढम
नहीं तो एक थाली को किसी पतले डण्डे
या चम्मच से
लयपूर्वक पाँच मिनट तक ठोंके
वहाँ मौजूद जात्रियों में से किसी के डील* में
भाव आये तो ठीक है
नहीं तो कोरोना देवी की जय का
बार-बार उद्घोष करें..
लो हो गयी कोरोना देवी की स्थापना
जैसे ही स्थापना पूरी हो
आसपास के पूरे इलाक़े में
इस धाम का भरपूर प्रचार करें
धूप देने के बाद बची राख को
भभूत मान एकत्र जात्रियों में बाँटें

बची दारू को अमृत की तरह सबको चखायें
जो जात्री इसका सेवन करें या कण्ठ में लगायें
उन पर देवी की कृपा बरसेगी...

कृपा होगी, तो बरसेगी ही
इसलिए बोलोऽऽऽ
कोरोना देवी की जय।

*डील=शरीर

दूसरा दौर

(1)
कोविड-19 के दूसरे दौर में
कविता लिखने हेतु
शब्द नहीं हैं मेरे पास
किस-किस के लिए
क्या-क्या कहूँ
ऐसा कोई नहीं है
जिसका कोई परिचित
इस दौर में शिकार होकर
असमय कालकवलित न हुआ हो
न लिखना
न पढ़ना
बस रोज़ सुबह उठ कर
ज़िन्दा रहने की जद्दोजहद जारी है
कल और अगले कल और
उसके बाद के हर कल को
जीने की लालसा बुरी तरह मन में विराजित है
ख़ुद को बचाये रखना तय नहीं
कब तक नाक-मुँह पर मास्क लगायें और
सेनिटाइजर से हाथ धोते रहें
दूसरी के बाद तीसरी और चौथी लहर के आने की
बातें भी कोविड-19 के साथ हवा में हैं

चिन्ता अपने बुजुर्गों, साथियों और नव पीढ़ी स्वरूप बच्चों की है
उन्हें विरासत में क्या दिया है हमने?

इस निकृष्ट समय को
देखने के लिए
मैं ख़ुद ही
अभिशप्त हूँ

क्या यहाँ ऐसा कोई व्यक्ति है
जिसने बूढ़ी हो चुकी गंगा को
लाशें ढोते नहीं देखा हो
शतरंज की बिसात जैसी
जलती हुई ढेरों चिताओं को नहीं देखा हो
श्मशानों के बाहर अपनी बारी की प्रतीक्षा करती लाशों को
न देखा हो
सारे अस्पतालों के बाहर कतार में खड़ी एंबुलेंसों में
बिस्तर के रिक्त होने की प्रतीक्षा करते मरीजों
और उनके परिजनों को मुँहमाँगी क़ीमत पर
ऑक्सीजन सिलेंडर ख़रीदते
यहाँ-वहाँ खोजते या फिर काँधे पर लाद कर
अस्पताल ले जाते हुए न देखा हो
इस बात पर थोड़ा गम्भीर हो
सोचेंगे तो ही समझ में आयेगा
कि बहुत सारे लोग मरे हैं
जिनको आँकड़ों में शामिल ही नहीं किया गया है
शायद आँकड़े अपडेट होना बाकी हैं।

(2)
अब भी लिखना-पढ़ना बन्द है,
टखने का दर्द गया नहीं कमबख़्त

लगातार उम्र ढलने का अहसास करा रहा है
लेकिन आज फिर नौ मंज़िल चढ़ा
टीवी वहाँ टँगा था उतार लाया
चिड़ियों की लिस्ट बन रही है
भाँडागार से कुछ इमेजेस और खोज ली
जिनकी पहचान करना अभी बाक़ी है
यह काम भी शायद इस माह में पूरा हो
पीठ है कि संगणक पर
बैठकी करने से मना कर रही है

कितनी सारी नकारात्मकता
यह मुआ कोरोना
अपने साथ ले आया है
यह घर कर लेता तो
कुछ दिन आराम ही करता
फिलहाल पीर, खर, बावर्ची, भिश्ती फर्राश हमई हैं
और वे आपदा में अवसर भुना रहे हैं।

❑❑